EMG3-0191
合唱楽譜＜スタンダード＞

STANDARD CHORUS PIECE

合唱で歌いたい！スタンダードコーラスピース

混声3部合唱

旅立ちの日に

作詞：小嶋 登　作曲：坂本浩美　補曲：松井孝夫

●●● 曲目解説 ●●●

　今や卒業ソングの定番となったこの曲は、ある中学校の校長と音楽科教諭により創作された、卒業生へ贈る歌です。気持ちを込めやすい歌詞とメロディーからは、あたたかい感謝の気持ちがあふれてくるよう。優しい旋律から力強い掛け合い、決意に満ちたフィナーレへと展開していく流れが、より一層感動を与えます。心をひとつに素敵な合唱をしてほしい一曲です。

【この楽譜は、旧商品『旅立ちの日に〔混声3部合唱〕』（品番：EME-C3084）と内容に変更はありません。】

合唱で歌いたい! スタンダードコーラス

旅立ちの日に

作詞：小嶋 登　作曲：坂本浩美　補曲：松井孝夫

© 1992 by ONGAKU NO TOMO SHA CORP., Tokyo, Japan.

MEMO

旅立ちの日に

作詞：小嶋 登

白い光の中に　山なみは萌(も)えて
遥(はる)かな空の果てまでも　君は飛び立つ
限り無く青い空に　心ふるわせ
自由を駆(か)ける鳥よ　ふり返ることもせず
勇気を翼(つばさ)にこめて希望の風にのり
このひろい大空に夢をたくして

懐(なつ)かしい友の声　ふとよみがえる
意味もないいさかいに　泣いたあのとき
心かよったうれしさに　抱(だ)き合った日よ
みんなすぎたけれど　思い出強く抱(だ)いて
勇気を翼(つばさ)にこめて希望の風にのり
このひろい大空に夢をたくして

※いま、別れのとき
　飛び立とう未来信じて
　弾(はず)む若い力信じて
　このひろい
　このひろい大空に

※くりかえし

MEMO

MEMO

エレヴァートミュージックエンターテイメントはウィンズスコアが
展開する「合唱楽譜・器楽系楽譜」を中心とした専門レーベルです。

ご注文について

エレヴァートミュージックエンターテイメントの商品は全国の楽器店、ならびに書店にてお求めになれ
ますが、店頭でのご購入が困難な場合、当社PC＆モバイルサイト・電話からのご注文で、直接ご購入
が可能です。

◎当社PCサイトでのご注文方法
http://elevato-music.com
上記のアドレスへアクセスし、WEBショップにてご注文ください。

◎お電話でのご注文方法
TEL.0120-713-771
営業時間内に電話いただければ、電話にてご注文を承ります。

◎モバイルサイトでのご注文方法
右のQRコードを読み取ってアクセスいただくか、
URLを直接ご入力ください。

※この出版物の全部または一部を権利者に無断で複製（コピー）することは、著作権の侵害にあたり、
　著作権法により罰せられます。

※造本には十分注意しておりますが、万一、落丁・乱丁などの不良品がありましたらお取り替えいたします。
　また、ご意見・ご感想もホームページより受け付けておりますので、お気軽にお問い合わせください。

EMG3-0191

混声3部合唱／ピアノ伴奏

旅立ちの日に

ISBN978-4-8152-0643-7
C3073 ¥1200E

発行日：2019年4月12日 初版　　JASRAC出 1901547-POD

©2019 by Winds Score, Inc. Printed in Japan.

elevato-music.com

参考音源CD付　定価（本体 ¥1,200＋税）